Boxing Training Log and Diary

This Book Belongs To:

_____

Visit http://elegantnotebooks.com for more sports training books.

Training Log and Diary
Nutrition Log and Diary
Strength and Conditioning Log and Diary

©Elegant Notebooks

DATE: **WEEK:** **HOURS TRAINED:**

COACH: **TIME:**

GOALS

WARM UP/ DRILLS

TECHNIQUE 1

TECHNIQUE 2

NOTES

DATE: **WEEK:** **HOURS TRAINED:**

COACH: **TIME:**

GOALS

WARM UP/ DRILLS

TECHNIQUE 1

TECHNIQUE 2

NOTES

DATE: **WEEK:** **HOURS TRAINED:**

COACH: **TIME:**

GOALS

WARM UP/ DRILLS

TECHNIQUE 1

TECHNIQUE 2

NOTES

DATE:		WEEK:		HOURS TRAINED:	
COACH:				TIME:	

GOALS

WARM UP/ DRILLS

TECHNIQUE 1

TECHNIQUE 2

NOTES

DATE: **WEEK:** **HOURS TRAINED:**

COACH: **TIME:**

GOALS

WARM UP/ DRILLS

TECHNIQUE 1

TECHNIQUE 2

NOTES

DATE: **WEEK:** **HOURS TRAINED:**

COACH: **TIME:**

GOALS

WARM UP/ DRILLS

TECHNIQUE 1

TECHNIQUE 2

NOTES

DATE: **WEEK:** **HOURS TRAINED:**

COACH: **TIME:**

GOALS

WARM UP/ DRILLS

TECHNIQUE 1

TECHNIQUE 2

NOTES

DATE: **WEEK:** **HOURS TRAINED:**

COACH: **TIME:**

GOALS

WARM UP/ DRILLS

TECHNIQUE 1

TECHNIQUE 2

NOTES

DATE:	WEEK:	HOURS TRAINED:
COACH:		TIME:

GOALS

WARM UP/ DRILLS

TECHNIQUE 1

TECHNIQUE 2

NOTES

DATE:		WEEK:		HOURS TRAINED:	
COACH:				TIME:	

GOALS

WARM UP/ DRILLS

TECHNIQUE 1

TECHNIQUE 2

NOTES

DATE: **WEEK:** **HOURS TRAINED:**

COACH: **TIME:**

GOALS

WARM UP/ DRILLS

TECHNIQUE 1

TECHNIQUE 2

NOTES

| DATE: | | WEEK: | | HOURS TRAINED: | |

| COACH: | | | TIME: | |

GOALS

WARM UP/ DRILLS

TECHNIQUE 1

TECHNIQUE 2

NOTES

DATE: **WEEK:** **HOURS TRAINED:**

COACH: **TIME:**

GOALS

WARM UP/ DRILLS

TECHNIQUE 1

TECHNIQUE 2

NOTES

DATE: **WEEK:** **HOURS TRAINED:**

COACH: **TIME:**

GOALS

WARM UP/ DRILLS

TECHNIQUE 1

TECHNIQUE 2

NOTES

DATE:		WEEK:		HOURS TRAINED:	
COACH:				TIME:	

GOALS

WARM UP/ DRILLS

TECHNIQUE 1

TECHNIQUE 2

NOTES

DATE:		WEEK:		HOURS TRAINED:	
COACH:				TIME:	

GOALS

WARM UP/ DRILLS

TECHNIQUE 1

TECHNIQUE 2

NOTES

DATE:	WEEK:	HOURS TRAINED:
COACH:		TIME:

GOALS

WARM UP/ DRILLS

TECHNIQUE 1

TECHNIQUE 2

NOTES

DATE: **WEEK:** **HOURS TRAINED:**

COACH: **TIME:**

GOALS

WARM UP/ DRILLS

TECHNIQUE 1

TECHNIQUE 2

NOTES

DATE:		WEEK:		HOURS TRAINED:	
COACH:				TIME:	

GOALS

WARM UP/ DRILLS

TECHNIQUE 1

TECHNIQUE 2

NOTES

DATE:		WEEK:		HOURS TRAINED:	
COACH:				TIME:	

GOALS

WARM UP/ DRILLS

TECHNIQUE 1

TECHNIQUE 2

NOTES

DATE:		WEEK:		HOURS TRAINED:	
COACH:				TIME:	

GOALS

WARM UP/ DRILLS

TECHNIQUE 1

TECHNIQUE 2

NOTES

DATE:		WEEK:		HOURS TRAINED:	
COACH:				TIME:	

GOALS

WARM UP/ DRILLS

TECHNIQUE 1

TECHNIQUE 2

NOTES

DATE: **WEEK:** **HOURS TRAINED:**

COACH: **TIME:**

GOALS

WARM UP/ DRILLS

TECHNIQUE 1

TECHNIQUE 2

NOTES

DATE: **WEEK:** **HOURS TRAINED:**

COACH: **TIME:**

GOALS

WARM UP/ DRILLS

TECHNIQUE 1

TECHNIQUE 2

NOTES

DATE: **WEEK:** **HOURS TRAINED:**

COACH: **TIME:**

GOALS

WARM UP/ DRILLS

TECHNIQUE 1

TECHNIQUE 2

NOTES

DATE: **WEEK:** **HOURS TRAINED:**

COACH: **TIME:**

GOALS

WARM UP/ DRILLS

TECHNIQUE 1

TECHNIQUE 2

NOTES

DATE:		WEEK:		HOURS TRAINED:	
COACH:				TIME:	

GOALS

WARM UP/ DRILLS

TECHNIQUE 1

TECHNIQUE 2

NOTES

DATE:		WEEK:		HOURS TRAINED:	
COACH:				TIME:	

GOALS

WARM UP/ DRILLS

TECHNIQUE 1

TECHNIQUE 2

NOTES

DATE: **WEEK:** **HOURS TRAINED:**

COACH: **TIME:**

GOALS

WARM UP/ DRILLS

TECHNIQUE 1

TECHNIQUE 2

NOTES

DATE: **WEEK:** **HOURS TRAINED:**

COACH: **TIME:**

GOALS

WARM UP/ DRILLS

TECHNIQUE 1

TECHNIQUE 2

NOTES

DATE: **WEEK:** **HOURS TRAINED:**

COACH: **TIME:**

GOALS

WARM UP/ DRILLS

TECHNIQUE 1

TECHNIQUE 2

NOTES

DATE:		WEEK:		HOURS TRAINED:	
COACH:				TIME:	

GOALS

WARM UP/ DRILLS

TECHNIQUE 1

TECHNIQUE 2

NOTES

DATE: **WEEK:** **HOURS TRAINED:**

COACH: **TIME:**

GOALS

WARM UP/ DRILLS

TECHNIQUE 1

TECHNIQUE 2

NOTES

DATE:		WEEK:		HOURS TRAINED:	
COACH:				TIME:	

GOALS

WARM UP/ DRILLS

TECHNIQUE 1

TECHNIQUE 2

NOTES

| DATE: | WEEK: | HOURS TRAINED: |
| COACH: | | TIME: |

GOALS

WARM UP/ DRILLS

TECHNIQUE 1

TECHNIQUE 2

NOTES

DATE: **WEEK:** **HOURS TRAINED:**

COACH: **TIME:**

GOALS

WARM UP/ DRILLS

TECHNIQUE 1

TECHNIQUE 2

NOTES

DATE: **WEEK:** **HOURS TRAINED:**

COACH: **TIME:**

GOALS

WARM UP/ DRILLS

TECHNIQUE 1

TECHNIQUE 2

NOTES

DATE: **WEEK:** **HOURS TRAINED:**

COACH: **TIME:**

GOALS

WARM UP/ DRILLS

TECHNIQUE 1

TECHNIQUE 2

NOTES

DATE:		WEEK:		HOURS TRAINED:	
COACH:				TIME:	

GOALS

WARM UP/ DRILLS

TECHNIQUE 1

TECHNIQUE 2

NOTES

DATE: **WEEK:** **HOURS TRAINED:**

COACH: **TIME:**

GOALS

WARM UP/ DRILLS

TECHNIQUE 1

TECHNIQUE 2

NOTES

| DATE: | WEEK: | HOURS TRAINED: |
| COACH: | | TIME: |

GOALS

WARM UP/ DRILLS

TECHNIQUE 1

TECHNIQUE 2

NOTES

DATE: **WEEK:** **HOURS TRAINED:**

COACH: **TIME:**

GOALS

WARM UP/ DRILLS

TECHNIQUE 1

TECHNIQUE 2

NOTES

DATE: **WEEK:** **HOURS TRAINED:**

COACH: **TIME:**

GOALS

WARM UP/ DRILLS

TECHNIQUE 1

TECHNIQUE 2

NOTES

DATE:		WEEK:		HOURS TRAINED:	
COACH:				TIME:	

GOALS

WARM UP/ DRILLS

TECHNIQUE 1

TECHNIQUE 2

NOTES

DATE:		WEEK:		HOURS TRAINED:	
COACH:				TIME:	

GOALS

WARM UP/ DRILLS

TECHNIQUE 1

TECHNIQUE 2

NOTES

DATE:		WEEK:		HOURS TRAINED:	
COACH:				TIME:	

GOALS

WARM UP/ DRILLS

TECHNIQUE 1

TECHNIQUE 2

NOTES

DATE: **WEEK:** **HOURS TRAINED:**

COACH: **TIME:**

GOALS

WARM UP/ DRILLS

TECHNIQUE 1

TECHNIQUE 2

NOTES

DATE:		WEEK:		HOURS TRAINED:	
COACH:				TIME:	

GOALS

WARM UP/ DRILLS

TECHNIQUE 1

TECHNIQUE 2

NOTES

DATE: **WEEK:** **HOURS TRAINED:**

COACH: **TIME:**

GOALS

WARM UP/ DRILLS

TECHNIQUE 1

TECHNIQUE 2

NOTES

DATE: **WEEK:** **HOURS TRAINED:**

COACH: **TIME:**

GOALS

WARM UP/ DRILLS

TECHNIQUE 1

TECHNIQUE 2

NOTES

DATE:		WEEK:		HOURS TRAINED:	
COACH:				TIME:	

GOALS

WARM UP/ DRILLS

TECHNIQUE 1

TECHNIQUE 2

NOTES

DATE: **WEEK:** **HOURS TRAINED:**

COACH: **TIME:**

GOALS

WARM UP/ DRILLS

TECHNIQUE 1

TECHNIQUE 2

NOTES

DATE: **WEEK:** **HOURS TRAINED:**

COACH: **TIME:**

GOALS

WARM UP/ DRILLS

TECHNIQUE 1

TECHNIQUE 2

NOTES

DATE:		WEEK:		HOURS TRAINED:	
COACH:				TIME:	

GOALS

WARM UP/ DRILLS

TECHNIQUE 1

TECHNIQUE 2

NOTES

DATE: **WEEK:** **HOURS TRAINED:**

COACH: **TIME:**

GOALS

WARM UP/ DRILLS

TECHNIQUE 1

TECHNIQUE 2

NOTES

DATE: **WEEK:** **HOURS TRAINED:**

COACH: **TIME:**

GOALS

WARM UP/ DRILLS

TECHNIQUE 1

TECHNIQUE 2

NOTES

DATE: **WEEK:** **HOURS TRAINED:**

COACH: **TIME:**

GOALS

WARM UP/ DRILLS

TECHNIQUE 1

TECHNIQUE 2

NOTES

DATE: **WEEK:** **HOURS TRAINED:**

COACH: **TIME:**

GOALS

WARM UP/ DRILLS

TECHNIQUE 1

TECHNIQUE 2

NOTES

DATE: **WEEK:** **HOURS TRAINED:**

COACH: **TIME:**

GOALS

WARM UP/ DRILLS

TECHNIQUE 1

TECHNIQUE 2

NOTES

DATE: **WEEK:** **HOURS TRAINED:**

COACH: **TIME:**

GOALS

WARM UP/ DRILLS

TECHNIQUE 1

TECHNIQUE 2

NOTES

DATE: **WEEK:** **HOURS TRAINED:**

COACH: **TIME:**

GOALS

WARM UP/ DRILLS

TECHNIQUE 1

TECHNIQUE 2

NOTES

DATE: **WEEK:** **HOURS TRAINED:**

COACH: **TIME:**

GOALS

WARM UP/ DRILLS

TECHNIQUE 1

TECHNIQUE 2

NOTES

DATE: **WEEK:** **HOURS TRAINED:**

COACH: **TIME:**

GOALS

WARM UP/ DRILLS

TECHNIQUE 1

TECHNIQUE 2

NOTES

DATE: **WEEK:** **HOURS TRAINED:**

COACH: **TIME:**

GOALS

WARM UP/ DRILLS

TECHNIQUE 1

TECHNIQUE 2

NOTES

DATE: **WEEK:** **HOURS TRAINED:**

COACH: **TIME:**

GOALS

WARM UP/ DRILLS

TECHNIQUE 1

TECHNIQUE 2

NOTES

DATE: **WEEK:** **HOURS TRAINED:**

COACH: **TIME:**

GOALS

WARM UP/ DRILLS

TECHNIQUE 1

TECHNIQUE 2

NOTES

DATE: **WEEK:** **HOURS TRAINED:**

COACH: **TIME:**

GOALS

WARM UP/ DRILLS

TECHNIQUE 1

TECHNIQUE 2

NOTES

DATE: _____ **WEEK:** ___ **HOURS TRAINED:** _____

COACH: _____ **TIME:** _____

GOALS

WARM UP/ DRILLS

TECHNIQUE 1

TECHNIQUE 2

NOTES

DATE:	WEEK:	HOURS TRAINED:
COACH:		TIME:

GOALS

WARM UP/ DRILLS

TECHNIQUE 1

TECHNIQUE 2

NOTES

DATE:		WEEK:		HOURS TRAINED:	
COACH:				TIME:	

GOALS

WARM UP/ DRILLS

TECHNIQUE 1

TECHNIQUE 2

NOTES

DATE: **WEEK:** **HOURS TRAINED:**

COACH: **TIME:**

GOALS

WARM UP/ DRILLS

TECHNIQUE 1

TECHNIQUE 2

NOTES

DATE: **WEEK:** **HOURS TRAINED:**

COACH: **TIME:**

GOALS

WARM UP/ DRILLS

TECHNIQUE 1

TECHNIQUE 2

NOTES

DATE: **WEEK:** **HOURS TRAINED:**

COACH: **TIME:**

GOALS

WARM UP/ DRILLS

TECHNIQUE 1

TECHNIQUE 2

NOTES

DATE: **WEEK:**   **HOURS TRAINED:**

COACH: **TIME:**

GOALS

WARM UP/ DRILLS

TECHNIQUE 1

TECHNIQUE 2

NOTES

DATE: **WEEK:** **HOURS TRAINED:**

COACH: **TIME:**

GOALS

WARM UP/ DRILLS

TECHNIQUE 1

TECHNIQUE 2

NOTES

DATE: **WEEK:** **HOURS TRAINED:**

COACH: **TIME:**

GOALS

WARM UP/ DRILLS

TECHNIQUE 1

TECHNIQUE 2

NOTES

DATE: **WEEK:** **HOURS TRAINED:**

COACH: **TIME:**

GOALS

WARM UP/ DRILLS

TECHNIQUE 1

TECHNIQUE 2

NOTES

DATE: **WEEK:** **HOURS TRAINED:**

COACH: **TIME:**

GOALS

WARM UP/ DRILLS

TECHNIQUE 1

TECHNIQUE 2

NOTES

DATE: **WEEK:** **HOURS TRAINED:**

COACH: **TIME:**

GOALS

WARM UP/ DRILLS

TECHNIQUE 1

TECHNIQUE 2

NOTES

DATE:		WEEK:		HOURS TRAINED:	
COACH:				TIME:	

GOALS

WARM UP/ DRILLS

TECHNIQUE 1

TECHNIQUE 2

NOTES

DATE:		WEEK:		HOURS TRAINED:	
COACH:				TIME:	

GOALS

WARM UP/ DRILLS

TECHNIQUE 1

TECHNIQUE 2

NOTES

DATE: **WEEK:** **HOURS TRAINED:**

COACH: **TIME:**

GOALS

WARM UP/ DRILLS

TECHNIQUE 1

TECHNIQUE 2

NOTES

DATE: **WEEK:** **HOURS TRAINED:**

COACH: **TIME:**

GOALS

WARM UP/ DRILLS

TECHNIQUE 1

TECHNIQUE 2

NOTES

DATE:		WEEK:		HOURS TRAINED:	
COACH:				TIME:	

GOALS

WARM UP/ DRILLS

TECHNIQUE 1

TECHNIQUE 2

NOTES

DATE: **WEEK:** **HOURS TRAINED:**

COACH: **TIME:**

GOALS

WARM UP/ DRILLS

TECHNIQUE 1

TECHNIQUE 2

NOTES

DATE: **WEEK:** **HOURS TRAINED:**

COACH: **TIME:**

GOALS

WARM UP/ DRILLS

TECHNIQUE 1

TECHNIQUE 2

NOTES

DATE:		WEEK:		HOURS TRAINED:	
COACH:				TIME:	

GOALS

WARM UP/ DRILLS

TECHNIQUE 1

TECHNIQUE 2

NOTES

DATE: **WEEK:** **HOURS TRAINED:**

COACH: **TIME:**

GOALS

WARM UP/ DRILLS

TECHNIQUE 1

TECHNIQUE 2

NOTES

DATE: **WEEK:** **HOURS TRAINED:**

COACH: **TIME:**

GOALS

WARM UP/ DRILLS

TECHNIQUE 1

TECHNIQUE 2

NOTES

DATE: **WEEK:** **HOURS TRAINED:**

COACH: **TIME:**

GOALS

WARM UP/ DRILLS

TECHNIQUE 1

TECHNIQUE 2

NOTES

DATE: **WEEK:** **HOURS TRAINED:**

COACH: **TIME:**

GOALS

WARM UP/ DRILLS

TECHNIQUE 1

TECHNIQUE 2

NOTES

DATE: **WEEK:** **HOURS TRAINED:**

COACH: **TIME:**

GOALS

WARM UP/ DRILLS

TECHNIQUE 1

TECHNIQUE 2

NOTES

DATE: **WEEK:** **HOURS TRAINED:**

COACH: **TIME:**

GOALS

WARM UP/ DRILLS

TECHNIQUE 1

TECHNIQUE 2

NOTES

DATE: **WEEK:** **HOURS TRAINED:**

COACH: **TIME:**

GOALS

WARM UP/ DRILLS

TECHNIQUE 1

TECHNIQUE 2

NOTES

DATE: **WEEK:** **HOURS TRAINED:**

COACH: **TIME:**

GOALS

WARM UP/ DRILLS

TECHNIQUE 1

TECHNIQUE 2

NOTES

DATE: **WEEK:** **HOURS TRAINED:**

COACH: **TIME:**

GOALS

WARM UP/ DRILLS

TECHNIQUE 1

TECHNIQUE 2

NOTES

DATE: **WEEK:** **HOURS TRAINED:**

COACH: **TIME:**

GOALS

WARM UP/ DRILLS

TECHNIQUE 1

TECHNIQUE 2

NOTES

DATE: **WEEK:** **HOURS TRAINED:**

COACH: **TIME:**

GOALS

WARM UP/ DRILLS

TECHNIQUE 1

TECHNIQUE 2

NOTES

DATE: **WEEK:** **HOURS TRAINED:**

COACH: **TIME:**

GOALS

WARM UP/ DRILLS

TECHNIQUE 1

TECHNIQUE 2

NOTES

DATE: **WEEK:**   **HOURS TRAINED:**

COACH: **TIME:**

GOALS

WARM UP/ DRILLS

TECHNIQUE 1

TECHNIQUE 2

NOTES

DATE: **WEEK:** **HOURS TRAINED:**

COACH: **TIME:**

GOALS

WARM UP/ DRILLS

TECHNIQUE 1

TECHNIQUE 2

NOTES

DATE:		WEEK:		HOURS TRAINED:	
COACH:				TIME:	

GOALS

WARM UP/ DRILLS

TECHNIQUE 1

TECHNIQUE 2

NOTES

DATE: **WEEK:** **HOURS TRAINED:**

COACH: **TIME:**

GOALS

WARM UP/ DRILLS

TECHNIQUE 1

TECHNIQUE 2

NOTES

DATE: **WEEK:** **HOURS TRAINED:**

COACH: **TIME:**

GOALS

WARM UP/ DRILLS

TECHNIQUE 1

TECHNIQUE 2

NOTES

DATE:		WEEK:		HOURS TRAINED:	
COACH:				TIME:	

GOALS

WARM UP/ DRILLS

TECHNIQUE 1

TECHNIQUE 2

NOTES

DATE: **WEEK:** **HOURS TRAINED:**

COACH: **TIME:**

GOALS

WARM UP/ DRILLS

TECHNIQUE 1

TECHNIQUE 2

NOTES

DATE: **WEEK:** **HOURS TRAINED:**

COACH: **TIME:**

GOALS

WARM UP/ DRILLS

TECHNIQUE 1

TECHNIQUE 2

NOTES

DATE:		WEEK:		HOURS TRAINED:	
COACH:				TIME:	

GOALS

WARM UP/ DRILLS

TECHNIQUE 1

TECHNIQUE 2

NOTES

DATE: **WEEK:** **HOURS TRAINED:**

COACH: **TIME:**

GOALS

WARM UP/ DRILLS

TECHNIQUE 1

TECHNIQUE 2

NOTES

DATE: **WEEK:** **HOURS TRAINED:**

COACH: **TIME:**

GOALS

WARM UP/ DRILLS

TECHNIQUE 1

TECHNIQUE 2

NOTES

DATE:		WEEK:		HOURS TRAINED:	
COACH:				TIME:	

GOALS

WARM UP/ DRILLS

TECHNIQUE 1

TECHNIQUE 2

NOTES

DATE:		WEEK:		HOURS TRAINED:	
COACH:				TIME:	

GOALS

WARM UP/ DRILLS

TECHNIQUE 1

TECHNIQUE 2

NOTES

DATE: **WEEK:** **HOURS TRAINED:**

COACH: **TIME:**

GOALS

WARM UP/ DRILLS

TECHNIQUE 1

TECHNIQUE 2

NOTES

DATE:		WEEK:		HOURS TRAINED:	
COACH:				TIME:	

GOALS

WARM UP/ DRILLS

TECHNIQUE 1

TECHNIQUE 2

NOTES

DATE: **WEEK:** **HOURS TRAINED:**

COACH: **TIME:**

GOALS

WARM UP/ DRILLS

TECHNIQUE 1

TECHNIQUE 2

NOTES

DATE:		WEEK:		HOURS TRAINED:	
COACH:				TIME:	

GOALS

WARM UP/ DRILLS

TECHNIQUE 1

TECHNIQUE 2

NOTES

DATE: **WEEK:** **HOURS TRAINED:**

COACH: **TIME:**

GOALS

WARM UP/ DRILLS

TECHNIQUE 1

TECHNIQUE 2

NOTES

DATE: **WEEK:** **HOURS TRAINED:**

COACH: **TIME:**

GOALS

WARM UP/ DRILLS

TECHNIQUE 1

TECHNIQUE 2

NOTES

DATE: **WEEK:** **HOURS TRAINED:**

COACH: **TIME:**

GOALS

WARM UP/ DRILLS

TECHNIQUE 1

TECHNIQUE 2

NOTES

Printed in Great Britain
by Amazon